NIGHTMARE BLOCKS

New Number and Logic Puzzles

How it all began

In May 2000 I had an accident, falling from a ladder, and needed 5 months off work.

Boredom soon set in and as I love numbers I decided to try and devise some number puzzles.

I put three rows of numbers from 1 to 9 on a spreadsheet. I then inserted a formula that added the middle number to the top and bottom numbers and printed out the result.

I then erased all the numbers just leaving the top and bottom totals then by using addition tried to reinstate the correct numbers.

It was then that I had that "Eureka" moment, realising that because the middle row was common to both sums, up and down, it would need logic to place the correct combinations in the right order, and so my ZYGO puzzle was born!

I had a new addictive hobby.

In the years that followed I devised many new number puzzles and compiled computer programs that generated them automatically.

A year or two ago, I thought I would try and get some puzzles published and contacted Andrew Griffin at Tarquin who decided to publish 6 puzzle books for everyone to enjoy.

NIGHTMARE BLOCKS

New Number and Logic Puzzles

Les Page

Tarquin

Publisher's Note

There is a simpler version of Nightmare Blocks if you want to try it or give it to someone to introduce them to these lovely puzzles. This and 4 other books can be seen opposite - fuller details on www.tarquingroup.com. Enjoy!

At the back of this book there are also some Preview Puzzles - so you can try the puzzles in Les Page's other books before you buy. (The books themselves contain different puzzles!)

Les Page has asserted his right to be identified as the author of this work under the Copyright, Designs and Patents Act 1988.

© Les Page 2020
ISBN (Book) 978-1-913565-02-2
ISBN (EBook) 978-1-913565-03-9
Designed and Printed in the UK

Tarquin
Suite 74, 17 Holywell Hill
St Albans AL1 1DT
UK
www.tarquingroup.com

Nightmare Blocks

Puzzles 1–23
Start on page 1 overleaf. Solutions to each are on reverse side of the puzzle page.

Bonus Puzzles
On page 51–60 there are some bonus puzzles from other books in the series. These books are set out below. If you enjoy a particular puzzle from the bonuses, get the whole book from your usual bookseller or from www.tarquingroup.com

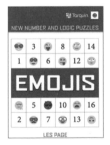

Emojis - tougher puzzles
Book ISBN 9781913565008
Ebook ISBN 9781913565015

Solitary Sudoku
Book ISBN 9781913565046
Ebook ISBN 9781913565053

The Compendium
Book ISBN 9781913565060
Ebook ISBN 9781913565077

And the Starter Books

Nightmare Blocks -
The Starter Book
Book ISBN 9781913565022
Ebook ISBN 9781913565039

Emojis - The Starter Book
Book ISBN 9781913565084
Ebook ISBN 9781913565091

PUZZLE 1

The 15 letters in **NIGHTMARE BLOCKS** have different numerical values.
Place values to agree the sum totals horizontally, vertically and diagonally.

Cross out numerical values when placed

↓ = ⌒ Enter values when worked out   Green boxes are "given" values

2 x	**N**	=	21
2 x	**I**	=	18
2 x	**G**	=	11
2 x	**H**	=	4
2 x	**T**	=	
2 x	**M**	=	
2 x	**A**	=	
2 x	**R**	=	
2 x	**E**	=	20
2 x	**B**	=	
1 x	**L**	=	
1 x	**O**	=	
1 x	**C**	=	
1 x	**K**	=	
1 x	**S**	=	

↘	↓	↓	↓	↓	↓	↙
→	**T**	**K**	**A**	**R**	**R**	46
→	**N**	**H**	**O**	**G**	**M**	51
→	**A**	**C**	**N**	**G**	**L**	84
→	**E**	**E**	**S**	**I**	**B**	74
→	**I**	**B**	**T**	**M**	**H**	42
76	85	52	65	56	39	54

↘	↓	↓	↓	↓	↓	↙
→						46
→		4		11		51
→			21			84
→		20		18		74
→						42
76	85	52	65	56	39	54

3
4
5
6
7
8
10
11
13
16
17
18
19
20
21

Solution Overleaf

© Les Page 2020   ISBN 9781913565022

NIGHTMARE BLOCKS

SOLUTION 1

↘	↓	↓	↓	↓	↓	↙
→	T	K	A	R	R	46
→	N	H	O	G	M	51
→	A	C	N	G	L	84
→	E	E	S	I	B	74
→	I	B	T	M	H	42
76	85	52	65	56	39	54

↘	↓	↓	↓	↓	↓	↙
→	7	8	19	6	6	46
→	21	4	5	11	10	51
→	19	17	21	11	16	84
→	20	20	13	18	3	74
→	18	3	7	10	4	42
76	85	52	65	56	39	54

B	=	3
H	=	4
O	=	5
R	=	6
T	=	7
K	=	8
M	=	10
G	=	11
S	=	13
L	=	16
C	=	17
I	=	18
A	=	19
E	=	20
N	=	21

NIGHTMARE BLOCKS

PUZZLE 2

The 15 letters in **NIGHTMARE BLOCKS** have different numerical values.
Place values to agree the sum totals horizontally, vertically and diagonally.

| ↓ | = | ↩ Enter values when worked out | Green boxes are "given" values | ✗ |

2 x	**N**	=	
2 x	**I**	=	
2 x	**G**	=	17
2 x	**H**	=	16
2 x	**T**	=	
2 x	**M**	=	
2 x	**A**	=	
2 x	**R**	=	6
2 x	**E**	=	
2 x	**B**	=	12
1 x	**L**	=	
1 x	**O**	=	
1 x	**C**	=	21
1 x	**K**	=	
1 x	**S**	=	

↘	↓	↓	↓	↓	↓	↙
→	G	M	T	T	I	51
→	K	H	B	R	E	65
→	H	A	C	A	N	52
→	M	B	E	G	N	57
→	L	O	I	S	R	51
56	60	43	66	50	57	77

↘	↓	↓	↓	↓	↓	↙
→						51
→		16		6		65
→			21			52
→		12		17		57
→						51
56	60	43	66	50	57	77

| 1 |
| 3 |
| 4 |
| 6 |
| 8 |
| 10 |
| 11 |
| 12 |
| 13 |
| 14 |
| 16 |
| 17 |
| 18 |
| 20 |
| 21 |

Solution Overleaf

© Les Page 2020   ISBN 9781913565022

For more www.tarquingroup.com

SOLUTION 2

↘	↓	↓	↓	↓	↓	↙
→	G	M	T	T	I	51
→	K	H	B	R	E	65
→	H	A	C	A	N	52
→	M	B	E	G	N	57
→	L	O	I	S	R	51
56	60	43	66	50	57	77

↘	↓	↓	↓	↓	↓	↙
→	17	4	8	8	14	51
→	20	16	12	6	11	65
→	16	1	21	1	13	52
→	4	12	11	17	13	57
→	3	10	14	18	6	51
56	60	43	66	50	57	77

A	=	1
L	=	3
M	=	4
R	=	6
T	=	8
O	=	10
E	=	11
B	=	12
N	=	13
I	=	14
H	=	16
G	=	17
S	=	18
K	=	20
C	=	21

© Les Page 2020 ISBN 9781913565022 For more www.tarquingroup.com

NIGHTMARE BLOCKS

PUZZLE 3

The 15 letters in **NIGHTMARE BLOCKS** have different numerical values.
Place values to agree the sum totals horizontally, vertically and diagonally.

↓ = ∩ Enter values when worked out   Green boxes are "given" values

		=	
2 x	**N**	=	6
2 x	**I**	=	2
2 x	**G**	=	
2 x	**H**	=	
2 x	**T**	=	
2 x	**M**	=	14
2 x	**A**	=	
2 x	**R**	=	
2 x	**E**	=	
2 x	**B**	=	
1 x	**L**	=	
1 x	**O**	=	17
1 x	**C**	=	
1 x	**K**	=	12
1 x	**S**	=	

↘	↓	↓	↓	↓	↓	↙
→	R	I	R	T	M	36
→	S	O	C	K	E	60
→	T	G	N	H	A	59
→	E	I	N	M	B	47
→	L	B	H	G	A	82
55	56	48	43	60	77	61

↘	↓	↓	↓	↓	↓	↙
→						36
→		17		12		60
→			6			59
→		2		14		47
→						82
55	56	48	43	60	77	61

2
5
6
7
9
10
11
12
13
14
15
17
18
19
21

Solution Overleaf

© Les Page 2020   ISBN 9781913565022
For more www.tarquingroup.com

SOLUTION 3

↘	↓	↓	↓	↓	↓	↙
→	R	I	R	T	M	36
→	S	O	C	K	E	60
→	T	G	N	H	A	59
→	E	I	N	M	B	47
→	L	B	H	G	A	82
55	56	48	43	60	77	61

I	=	2
R	=	5
N	=	6
E	=	7
G	=	9
T	=	10
C	=	11
K	=	12
S	=	13
M	=	14
H	=	15
O	=	17
B	=	18
A	=	19
L	=	21

↘	↓	↓	↓	↓	↓	↙
→	5	2	5	10	14	36
→	13	17	11	12	7	60
→	10	9	6	15	19	59
→	7	2	6	14	18	47
→	21	18	15	9	19	82
55	56	48	43	60	77	61

© Les Page 2020   ISBN 9781913565022

NIGHTMARE BLOCKS

PUZZLE 4

The 15 letters in **NIGHTMARE BLOCKS** have different numerical values.
Place values to agree the sum totals horizontally, vertically and diagonally.

↓ = ↻ Enter values when worked out   Green boxes are "given" values

2 x	**N**	=	21
2 x	**I**	=	
2 x	**G**	=	
2 x	**H**	=	6
2 x	**T**	=	
2 x	**M**	=	
2 x	**A**	=	4
2 x	**R**	=	
2 x	**E**	=	
2 x	**B**	=	7
1 x	**L**	=	9
1 x	**O**	=	
1 x	**C**	=	
1 x	**K**	=	
1 x	**S**	=	

↘	↓	↓	↓	↓	↓	↙
→	K	I	M	B	S	56
→	G	H	N	A	C	44
→	T	O	B	M	T	60
→	E	L	I	N	A	70
→	E	G	H	R	R	66
41	69	51	65	66	45	70

↘	↓	↓	↓	↓	↓	↙
→						56
→		6		4		44
→			7			60
→		9		21		70
→						66
41	69	51	65	66	45	70

Values: 1, 2, 4, 6, 7, 9, 10, 11, 15, 16, 17, 18, 19, 20, 21

Solution Overleaf

© Les Page 2020   ISBN 9781913565022   For more www.tarquingroup.com

SOLUTION 4

↘	↓	↓	↓	↓	↓	↙
→	K	I	M	B	S	56
→	G	H	N	A	C	44
→	T	O	B	M	T	60
→	E	L	I	N	A	70
→	E	G	H	R	R	66
41	69	51	65	66	45	70

↘	↓	↓	↓	↓	↓	↙
→	17	16	15	7	1	56
→	2	6	21	4	11	44
→	10	18	7	15	10	60
→	20	9	16	21	4	70
→	20	2	6	19	19	66
41	69	51	65	66	45	70

S	=	1
G	=	2
A	=	4
H	=	6
B	=	7
L	=	9
T	=	10
C	=	11
M	=	15
I	=	16
K	=	17
O	=	18
R	=	19
E	=	20
N	=	21

PUZZLE 5

The 15 letters in **NIGHTMARE BLOCKS** have different numerical values.
Place values to agree the sum totals horizontally, vertically and diagonally.

✖ Cross out numerical values when placed

↓	=	⌒ Enter values when worked out	Green boxes are "given" values

2 x	**N**	=	15
2 x	**I**	=	
2 x	**G**	=	
2 x	**H**	=	
2 x	**T**	=	
2 x	**M**	=	
2 x	**A**	=	17
2 x	**R**	=	
2 x	**E**	=	
2 x	**B**	=	8
1 x	**L**	=	
1 x	**O**	=	
1 x	**C**	=	19
1 x	**K**	=	
1 x	**S**	=	4

↘	↓	↓	↓	↓	↓	↙
→	R	G	M	T	I	51
→	N	S	K	A	H	75
→	A	H	N	E	R	79
→	B	B	E	C	O	58
→	M	T	L	I	G	44
54	50	58	59	81	59	63

↘	↓	↓	↓	↓	↓	↙
→						51
→		4		17		75
→			15			79
→		8		19		58
→						44
54	50	58	59	81	59	63

1
2
3
4
8
9
12
13
15
16
17
18
19
20
21

Solution Overleaf

© Les Page 2020   ISBN 9781913565022

For more www.tarquingroup.com

SOLUTION 5

↘	↓	↓	↓	↓	↓	↙
→	R	G	M	T	I	51
→	N	S	K	A	H	75
→	A	H	N	E	R	79
→	B	B	E	C	O	58
→	M	T	L	I	G	44
54	50	58	59	81	59	63

↘	↓	↓	↓	↓	↓	↙
→	9	16	1	12	13	51
→	15	4	21	17	18	75
→	17	18	15	20	9	79
→	8	8	20	19	3	58
→	1	12	2	13	16	44
54	50	58	59	81	59	63

M	=	1
L	=	2
O	=	3
S	=	4
B	=	8
R	=	9
T	=	12
I	=	13
N	=	15
G	=	16
A	=	17
H	=	18
C	=	19
E	=	20
K	=	21

© Les Page 2020   ISBN 9781913565022

NIGHTMARE BLOCKS

PUZZLE 6

The 15 letters in **NIGHTMARE BLOCKS** have different numerical values.
Place values to agree the sum totals horizontally, vertically and diagonally.

Cross out numerical values when placed

↓		=	↻ Enter values when worked out	Green boxes are "given" values

2 x	**N**	=	
2 x	**I**	=	
2 x	**G**	=	9
2 x	**H**	=	1
2 x	**T**	=	8
2 x	**M**	=	
2 x	**A**	=	10
2 x	**R**	=	11
2 x	**E**	=	
2 x	**B**	=	
1 x	**L**	=	
1 x	**O**	=	
1 x	**C**	=	
1 x	**K**	=	
1 x	**S**	=	

↘	↓	↓	↓	↓	↓	↙
→	R	K	I	M	E	78
→	N	T	I	H	T	42
→	E	S	R	A	M	71
→	B	A	B	G	L	60
→	G	N	H	O	C	25
46	54	52	60	46	64	42

↘	↓	↓	↓	↓	↓	↙
→						78
→		8		1		42
→			11			71
→		10		9		60
→						25
46	54	52	60	46	64	42

Cross out
1
3
5
7
8
9
10
11
12
13
14
15
17
18
21

Solution Overleaf

© Les Page 2020   ISBN 9781913565022 For more www.tarquingroup.com

SOLUTION 6

↘	↓	↓	↓	↓	↓	↙
→	R	K	I	M	E	78
→	N	T	I	H	T	42
→	E	S	R	A	M	71
→	B	A	B	G	L	60
→	G	N	H	O	C	25
46	54	52	60	46	64	42

H	=	1
C	=	3
O	=	5
N	=	7
T	=	8
G	=	9
A	=	10
R	=	11
B	=	12
K	=	13
S	=	14
E	=	15
L	=	17
I	=	18
M	=	21

↘	↓	↓	↓	↓	↓	↙
→	11	13	18	21	15	78
→	7	8	18	1	8	42
→	15	14	11	10	21	71
→	12	10	12	9	17	60
→	9	7	1	5	3	25
46	54	52	60	46	64	42

© Les Page 2020 ISBN 9781913565022

NIGHTMARE BLOCKS

PUZZLE 7

The 15 letters in **NIGHTMARE BLOCKS** have different numerical values. Place values to agree the sum totals horizontally, vertically and diagonally.

Cross out numerical values when placed

	↓	=	↶ Enter values when worked out
2 x	**N**	=	18
2 x	**I**	=	
2 x	**G**	=	
2 x	**H**	=	
2 x	**T**	=	8
2 x	**M**	=	19
2 x	**A**	=	
2 x	**R**	=	
2 x	**E**	=	
2 x	**B**	=	
1 x	**L**	=	13
1 x	**O**	=	11
1 x	**C**	=	
1 x	**K**	=	
1 x	**S**	=	

Green boxes are "given" values

↘	↓	↓	↓	↓	↓	↙
→	**B**	**N**	**G**	**B**	**H**	30
→	**H**	**M**	**I**	**O**	**E**	52
→	**M**	**A**	**T**	**A**	**S**	73
→	**R**	**L**	**C**	**N**	**K**	61
→	**G**	**R**	**I**	**E**	**T**	47
40	44	81	33	59	46	55

↘	↓	↓	↓	↓	↓	↙
→						30
→		19		11		52
→			8			73
→		13		18		61
→						47
40	44	81	33	59	46	55

✘

2
3
5
6
7
8
9
11
12
13
14
15
16
18
19

Solution Overleaf

© Les Page 2020 ISBN 9781913565022

For more www.tarquingroup.com

SOLUTION 7

↘	↓	↓	↓	↓	↓	↙
→	B	N	G	B	H	30
→	H	M	I	O	E	52
→	M	A	T	A	S	73
→	R	L	C	N	K	61
→	G	R	I	E	T	47
40	44	81	33	59	46	55

B	=	2
H	=	3
G	=	5
C	=	6
I	=	7
T	=	8
K	=	9
O	=	11
E	=	12
L	=	13
S	=	14
R	=	15
A	=	16
N	=	18
M	=	19

↘	↓	↓	↓	↓	↓	↙
→	2	18	5	2	3	30
→	3	19	7	11	12	52
→	19	16	8	16	14	73
→	15	13	6	18	9	61
→	5	15	7	12	8	47
40	44	81	33	59	46	55

© Les Page 2020   ISBN 9781913565022

PUZZLE 8

The 15 letters in **NIGHTMARE BLOCKS** have different numerical values. Place values to agree the sum totals horizontally, vertically and diagonally.

↓ = ↷ Enter values when worked out   Green boxes are "given" values

2 x	**N**	=	
2 x	**I**	=	
2 x	**G**	=	21
2 x	**H**	=	20
2 x	**T**	=	
2 x	**M**	=	
2 x	**A**	=	
2 x	**R**	=	
2 x	**E**	=	
2 x	**B**	=	
1 x	**L**	=	6
1 x	**O**	=	14
1 x	**C**	=	
1 x	**K**	=	8
1 x	**S**	=	

↘	↓	↓	↓	↓	↓	↙
→	I	R	E	N	E	51
→	C	G	B	K	B	66
→	S	A	O	N	M	59
→	H	L	A	H	T	57
→	M	G	I	R	T	61
58	53	58	44	73	66	67

↘	↓	↓	↓	↓	↓	↙
→						51
→		21		8		66
→			14			59
→		6		20		57
→						61
58	53	58	44	73	66	67

1
2
5
6
7
8
9
10
11
14
16
18
19
20
21

Solution Overleaf

© Les Page 2020   ISBN 9781913565022   For more www.tarquingroup.com

NIGHTMARE BLOCKS

SOLUTION 8

↘	↓	↓	↓	↓	↓	↙
→	I	R	E	N	E	51
→	C	G	B	K	B	66
→	S	A	O	N	M	59
→	H	L	A	H	T	57
→	M	G	I	R	T	61
58	53	58	44	73	66	67

↘	↓	↓	↓	↓	↓	↙
→	2	9	11	18	11	51
→	5	21	16	8	16	66
→	7	1	14	18	19	59
→	20	6	1	20	10	57
→	19	21	2	9	10	61
58	53	58	44	73	66	67

A	=	1
I	=	2
C	=	5
L	=	6
S	=	7
K	=	8
R	=	9
T	=	10
E	=	11
O	=	14
B	=	16
N	=	18
M	=	19
H	=	20
G	=	21

For more www.tarquingroup.com

PUZZLE 9

The 15 letters in **NIGHTMARE BLOCKS** have different numerical values. Place values to agree the sum totals horizontally, vertically and diagonally.

Cross out numerical values when placed

↓		=	↺ Enter values when worked out	Green boxes are "given" values

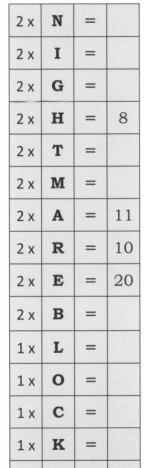

2 x	N	=	
2 x	I	=	
2 x	G	=	
2 x	H	=	8
2 x	T	=	
2 x	M	=	
2 x	A	=	11
2 x	R	=	10
2 x	E	=	20
2 x	B	=	
1 x	L	=	
1 x	O	=	
1 x	C	=	
1 x	K	=	
1 x	S	=	18

Grid 1:

↘	↓	↓	↓	↓	↓	↙
→	N	H	K	N	M	51
→	B	E	A	A	I	52
→	T	C	R	T	G	60
→	B	S	L	H	O	47
→	G	M	R	I	E	69
72	47	77	35	47	73	71

Grid 2:

↘	↓	↓	↓	↓	↓	↙
→						51
→		20		11		52
→			10			60
→		18		8		47
→						69
72	47	77	35	47	73	71

Cross out numerical values:

1, 3, 4, 6, 8, 9, 10, 11, 13, 14, 15, 16, 17, 18, 20

Solution Overleaf

For more www.tarquingroup.com

SOLUTION 9

↘	↓	↓	↓	↓	↓	↙
→	N	H	K	N	M	51
→	B	E	A	A	I	52
→	T	C	R	T	G	60
→	B	S	L	H	O	47
→	G	M	R	I	E	69
72	47	77	35	47	73	71

K	=	1
L	=	3
B	=	4
I	=	6
H	=	8
T	=	9
R	=	10
A	=	11
N	=	13
O	=	14
C	=	15
M	=	16
G	=	17
S	=	18
E	=	20

↘	↓	↓	↓	↓	↓	↙
→	13	8	1	13	16	51
→	4	20	11	11	6	52
→	9	15	10	9	17	60
→	4	18	3	8	14	47
→	17	16	10	6	20	69
72	47	77	35	47	73	71

© Les Page 2020   ISBN 9781913565022

PUZZLE 10

The 15 letters in **NIGHTMARE BLOCKS** have different numerical values.
Place values to agree the sum totals horizontally, vertically and diagonally.

↓		=	↻ Enter values when worked out

Green boxes are "given" values ✗

2 x	**N**	=	
2 x	**I**	=	20
2 x	**G**	=	
2 x	**H**	=	
2 x	**T**	=	
2 x	**M**	=	18
2 x	**A**	=	11
2 x	**R**	=	
2 x	**E**	=	
2 x	**B**	=	
1 x	**L**	=	
1 x	**O**	=	
1 x	**C**	=	7
1 x	**K**	=	6
1 x	**S**	=	

↘	↓	↓	↓	↓	↓	↙
→	R	L	T	B	H	43
→	N	K	I	I	E	58
→	B	E	C	G	G	30
→	H	A	N	M	T	66
→	S	O	A	M	R	74
65	46	45	62	66	52	51

↘	↓	↓	↓	↓	↓	↙
→						43
→		6		20		58
→			7			30
→		11		18		66
→						74
65	46	45	62	66	52	51

1
3
4
6
7
8
9
10
11
13
14
16
18
20
21

Solution Overleaf

© Les Page 2020   ISBN 9781913565022   For more www.tarquingroup.com

SOLUTION 10

↘	↓	↓	↓	↓	↓	↙
→	R	L	T	B	H	43
→	N	K	I	I	E	58
→	B	E	C	G	G	30
→	H	A	N	M	T	66
→	S	O	A	M	R	74
65	46	45	62	66	52	51

↘	↓	↓	↓	↓	↓	↙
→	10	3	16	1	13	43
→	8	6	20	20	4	58
→	1	4	7	9	9	30
→	13	11	8	18	16	66
→	14	21	11	18	10	74
65	46	45	62	66	52	51

B	=	1
L	=	3
E	=	4
K	=	6
C	=	7
N	=	8
G	=	9
R	=	10
A	=	11
H	=	13
S	=	14
T	=	16
M	=	18
I	=	20
O	=	21

© Les Page 2020   ISBN 9781913565022   For more www.tarquingroup.com

PUZZLE 11

The 15 letters in **NIGHTMARE BLOCKS** have different numerical values.
Place values to agree the sum totals horizontally, vertically and diagonally.

❌

↓ = ↩ Enter values when worked out   Green boxes are "given" values

2 x	**N**	=	
2 x	**I**	=	
2 x	**G**	=	
2 x	**H**	=	
2 x	**T**	=	20
2 x	**M**	=	
2 x	**A**	=	12
2 x	**R**	=	1
2 x	**E**	=	7
2 x	**B**	=	
1 x	**L**	=	
1 x	**O**	=	4
1 x	**C**	=	
1 x	**K**	=	
1 x	**S**	=	

↘	↓	↓	↓	↓	↓	↙
→	**I**	**H**	**I**	**T**	**S**	58
→	**N**	**A**	**B**	**O**	**N**	37
→	**R**	**H**	**E**	**C**	**E**	52
→	**B**	**T**	**L**	**R**	**K**	42
→	**G**	**M**	**M**	**G**	**A**	60
60	29	79	31	57	53	34

↘	↓	↓	↓	↓	↓	↙
→						58
→		12		4		37
→			7			52
→		20		1		42
→						60
60	29	79	31	57	53	34

Values column:
1, 2, 4, 5, 6, 7, 8, 10, 11, 12, 13, 16, 18, 19, 20

Solution Overleaf

© Les Page 2020   ISBN 9781913565022

For more www.tarquingroup.com

SOLUTION 11

↘	↓	↓	↓	↓	↓	↙
→	I	H	I	T	S	58
→	N	A	B	O	N	37
→	R	H	E	C	E	52
→	B	T	L	R	K	42
→	G	M	M	G	A	60
60	29	79	31	57	53	34

↘	↓	↓	↓	↓	↓	↙
→	2	18	2	20	16	58
→	8	12	5	4	8	37
→	1	18	7	19	7	52
→	5	20	6	1	10	42
→	13	11	11	13	12	60
60	29	79	31	57	53	34

R	=	1
I	=	2
O	=	4
B	=	5
L	=	6
E	=	7
N	=	8
K	=	10
M	=	11
A	=	12
G	=	13
S	=	16
H	=	18
C	=	19
T	=	20

© Les Page 2020   ISBN 9781913565022

NIGHTMARE BLOCKS

PUZZLE 12

The 15 letters in **NIGHTMARE BLOCKS** have different numerical values.
Place values to agree the sum totals horizontally, vertically and diagonally.

Cross out numerical values when placed

✖

↓	=	↻ Enter values when worked out	Green boxes are "given" values

2 x	**N**	=	2
2 x	**I**	=	
2 x	**G**	=	15
2 x	**H**	=	
2 x	**T**	=	
2 x	**M**	=	
2 x	**A**	=	
2 x	**R**	=	
2 x	**E**	=	
2 x	**B**	=	
1 x	**L**	=	19
1 x	**O**	=	12
1 x	**C**	=	
1 x	**K**	=	17
1 x	**S**	=	

↘	↓	↓	↓	↓	↓	↙
→	M	N	C	E	I	41
→	B	O	H	L	I	58
→	R	A	G	H	S	34
→	T	N	M	K	E	52
→	G	R	B	T	A	52
55	55	29	59	61	33	67

↘	↓	↓	↓	↓	↓	↙
→						41
→		12		19		58
→			15			34
→		2		17		52
→						52
55	55	29	59	61	33	67

1
2
3
4
5
6
8
10
12
13
14
15
17
18
19

Solution Overleaf

© Les Page 2020   ISBN 9781913565022

For more www.tarquingroup.com

SOLUTION 12

↘	↓	↓	↓	↓	↓	↙
→	M	N	C	E	I	41
→	B	O	H	L	I	58
→	R	A	G	H	S	34
→	T	N	M	K	E	52
→	G	R	B	T	A	52
55	55	29	59	61	33	67

↘	↓	↓	↓	↓	↓	↙
→	13	2	8	14	4	41
→	18	12	5	19	4	58
→	3	10	15	5	1	34
→	6	2	13	17	14	52
→	15	3	18	6	10	52
55	55	29	59	61	33	67

S	=	1
N	=	2
R	=	3
I	=	4
H	=	5
T	=	6
C	=	8
A	=	10
O	=	12
M	=	13
E	=	14
G	=	15
K	=	17
B	=	18
L	=	19

NIGHTMARE BLOCKS

PUZZLE 13

The 15 letters in **NIGHTMARE BLOCKS** have different numerical values.
Place values to agree the sum totals horizontally, vertically and diagonally.

| ↓ | | = | ⤴ Enter values when worked out | | | Green boxes are "given" values | |

2 x	**N**	=	
2 x	**I**	=	14
2 x	**G**	=	2
2 x	**H**	=	
2 x	**T**	=	9
2 x	**M**	=	
2 x	**A**	=	
2 x	**R**	=	13
2 x	**E**	=	3
2 x	**B**	=	
1 x	**L**	=	
1 x	**O**	=	
1 x	**C**	=	
1 x	**K**	=	
1 x	**S**	=	

↘	↓	↓	↓	↓	↓	↙
→	**N**	**L**	**E**	**S**	**M**	74
→	**H**	**R**	**K**	**G**	**M**	43
→	**B**	**T**	**T**	**A**	**I**	57
→	**C**	**I**	**R**	**E**	**A**	42
→	**N**	**G**	**O**	**H**	**B**	68
64	75	55	48	31	75	66

↘	↓	↓	↓	↓	↓	↙
→						74
→		13		2		43
→			9			57
→		14		3		42
→						68
64	75	55	48	31	75	66

2
3
4
5
6
7
9
13
14
15
17
18
19
20
21

Solution Overleaf

© Les Page 2020   ISBN 9781913565022

For more www.tarquingroup.com

SOLUTION 13

↘	↓	↓	↓	↓	↓	↙
→	N	L	E	S	M	74
→	H	R	K	G	M	43
→	B	T	T	A	I	57
→	C	I	R	E	A	42
→	N	G	O	H	B	68
64	75	55	48	31	75	66

↘	↓	↓	↓	↓	↓	↙
→	21	17	3	15	18	74
→	6	13	4	2	18	43
→	20	9	9	5	14	57
→	7	14	13	3	5	42
→	21	2	19	6	20	68
64	75	55	48	31	75	66

G	=	2
E	=	3
K	=	4
A	=	5
H	=	6
C	=	7
T	=	9
R	=	13
I	=	14
S	=	15
L	=	17
M	=	18
O	=	19
B	=	20
N	=	21

PUZZLE 14

The 15 letters in **NIGHTMARE BLOCKS** have different numerical values. Place values to agree the sum totals horizontally, vertically and diagonally.

↓ = ∩ Enter values when worked out   Green boxes are "given" values

2 x	**N**	=	
2 x	**I**	=	
2 x	**G**	=	14
2 x	**H**	=	
2 x	**T**	=	
2 x	**M**	=	
2 x	**A**	=	
2 x	**R**	=	
2 x	**E**	=	
2 x	**B**	=	
1 x	**L**	=	9
1 x	**O**	=	1
1 x	**C**	=	4
1 x	**K**	=	
1 x	**S**	=	3

↘	↓	↓	↓	↓	↓	↙
→	I	A	H	N	M	63
→	G	G	T	S	B	46
→	E	N	C	I	E	45
→	K	L	H	O	R	61
→	A	T	M	R	B	51
34	65	40	49	51	61	53

↘	↓	↓	↓	↓	↓	↙
→						63
⇢		14		3		46
→			4			45
→		9		1		61
→						51
34	65	40	49	51	61	53

X

| 1 |
| 2 |
| 3 |
| 4 |
| 6 |
| 7 |
| 8 |
| 9 |
| 11 |
| 13 |
| 14 |
| 16 |
| 17 |
| 18 |
| 21 |

Solution Overleaf

© Les Page 2020   ISBN 9781913565022   For more www.tarquingroup.com

SOLUTION 14

↘	↓	↓	↓	↓	↓	↙
→	I	A	H	N	M	63
→	G	G	T	S	B	46
→	E	N	C	I	E	45
→	K	L	H	O	R	61
→	A	T	M	R	B	51
34	65	40	49	51	61	53

↘	↓	↓	↓	↓	↓	↙
→	21	7	16	8	11	63
→	14	14	2	3	13	46
→	6	8	4	21	6	45
→	17	9	16	1	18	61
→	7	2	11	18	13	51
34	65	40	49	51	61	53

O	=	1
T	=	2
S	=	3
C	=	4
E	=	6
A	=	7
N	=	8
L	=	9
M	=	11
B	=	13
G	=	14
H	=	16
K	=	17
R	=	18
I	=	21

© Les Page 2020   ISBN 9781913565022

NIGHTMARE BLOCKS

PUZZLE 15

The 15 letters in **NIGHTMARE BLOCKS** have different numerical values.
Place values to agree the sum totals horizontally, vertically and diagonally.

↓		=	↻ Enter values when worked out	Green boxes are "given" values	✘

2 x	**N**	=	16
2 x	**I**	=	
2 x	**G**	=	
2 x	**H**	=	5
2 x	**T**	=	
2 x	**M**	=	
2 x	**A**	=	15
2 x	**R**	=	
2 x	**E**	=	17
2 x	**B**	=	
1 x	**L**	=	
1 x	**O**	=	
1 x	**C**	=	6
1 x	**K**	=	
1 x	**S**	=	

↘	↓	↓	↓	↓	↓	↙
→	**H**	**N**	**M**	**O**	**M**	45
→	**L**	**E**	**I**	**H**	**B**	62
→	**S**	**I**	**C**	**T**	**T**	47
→	**B**	**N**	**R**	**A**	**G**	68
→	**K**	**G**	**R**	**A**	**E**	61
32	36	82	54	60	51	60

↘	↓	↓	↓	↓	↓	↙
→						45
→		17		5		62
→			6			47
→		16		15		68
→						61
32	36	82	54	60	51	60

2	
3	
5	
6	
7	
8	
10	
11	
13	
14	
15	
16	
17	
18	
19	

Solution Overleaf

© Les Page 2020   ISBN 9781913565022   For more www.tarquingroup.com

SOLUTION 15

↘	↓	↓	↓	↓	↓	↙
→	H	N	M	O	M	45
→	L	E	I	H	B	62
→	S	I	C	T	T	47
→	B	N	R	A	G	68
→	K	G	R	A	E	61
32	36	82	54	60	51	60

↘	↓	↓	↓	↓	↓	↙
→	5	16	3	18	3	45
→	11	17	19	5	10	62
→	8	19	6	7	7	47
→	10	16	13	15	14	68
→	2	14	13	15	17	61
32	36	82	54	60	51	60

K	=	2
M	=	3
H	=	5
C	=	6
T	=	7
S	=	8
B	=	10
L	=	11
R	=	13
G	=	14
A	=	15
N	=	16
E	=	17
O	=	18
I	=	19

© Les Page 2020   ISBN 9781913565022

NIGHTMARE BLOCKS

PUZZLE 16

The 15 letters in **NIGHTMARE BLOCKS** have different numerical values.
Place values to agree the sum totals horizontally, vertically and diagonally.

↓ = ⋂ Enter values when worked out   Green boxes are "given" values

2 x	N	=	
2 x	I	=	
2 x	G	=	1
2 x	H	=	
2 x	T	=	
2 x	M	=	7
2 x	A	=	
2 x	R	=	
2 x	E	=	2
2 x	B	=	
1 x	L	=	
1 x	O	=	12
1 x	C	=	
1 x	K	=	8
1 x	S	=	

↘	↓	↓	↓	↓	↓	↙
→	R	E	G	I	M	30
→	I	K	R	G	A	38
→	C	S	O	H	A	56
→	T	E	B	M	N	59
→	T	L	H	B	N	85
41	61	49	45	52	61	49

↘	↓	↓	↓	↓	↓	↙
→						30
→		8		1		38
→			12			56
→		2		7		59
→						85
41	61	49	45	52	61	49

1
2
3
4
7
8
9
12
13
15
16
17
18
19
20

Solution Overleaf

© Les Page 2020   ISBN 9781913565022   For more www.tarquingroup.com

NIGHTMARE BLOCKS

SOLUTION 16

↘	↓	↓	↓	↓	↓	↙
→	R	E	G	I	M	30
→	I	K	R	G	A	38
→	C	S	O	H	A	56
→	T	E	B	M	N	59
→	T	L	H	B	N	85
	41	61	49	45	52	61	49

↘	↓	↓	↓	↓	↓	↙
→	4	2	1	16	7	30
→	16	8	4	1	9	38
→	3	17	12	15	9	56
→	19	2	13	7	18	59
→	19	20	15	13	18	85
41	61	49	45	52	61	49

G	=	1
E	=	2
C	=	3
R	=	4
M	=	7
K	=	8
A	=	9
O	=	12
B	=	13
H	=	15
I	=	16
S	=	17
N	=	18
T	=	19
L	=	20

NIGHTMARE BLOCKS

PUZZLE 17

The 15 letters in **NIGHTMARE BLOCKS** have different numerical values.
Place values to agree the sum totals horizontally, vertically and diagonally.

↓		=	∩ Enter values when worked out	Green boxes are "given" values

2 x	N	=	2
2 x	I	=	
2 x	G	=	
2 x	H	=	
2 x	T	=	12
2 x	M	=	
2 x	A	=	
2 x	R	=	
2 x	E	=	15
2 x	B	=	3
1 x	L	=	
1 x	O	=	
1 x	C	=	
1 x	K	=	20
1 x	S	=	

↘	↓	↓	↓	↓	↓	↙
→	S	T	R	M	I	52
→	L	B	I	E	H	58
→	R	N	T	A	E	49
→	H	N	A	K	M	53
→	B	G	C	O	G	24
42	59	20	50	63	44	55

↘	↓	↓	↓	↓	↓	↙
→						52
→		3		15		58
→			12			49
→		2		20		53
→						24
42	59	20	50	63	44	55

1
2
3
4
7
8
10
11
12
13
14
15
16
19
20

Solution Overleaf

© Les Page 2020   ISBN 9781913565022

SOLUTION 17

↘	↓	↓	↓	↓	↓	↙
→	S	T	R	M	I	52
→	L	B	I	E	H	58
→	R	N	T	A	E	49
→	H	N	A	K	M	53
→	B	G	C	O	G	24
42	59	20	50	63	44	55

↘	↓	↓	↓	↓	↓	↙
→	19	12	7	4	10	52
→	16	3	10	15	14	58
→	7	2	12	13	15	49
→	14	2	13	20	4	53
→	3	1	8	11	1	24
42	59	20	50	63	44	55

G	=	1
N	=	2
B	=	3
M	=	4
R	=	7
C	=	8
I	=	10
O	=	11
T	=	12
A	=	13
H	=	14
E	=	15
L	=	16
S	=	19
K	=	20

PUZZLE 18

The 15 letters in **NIGHTMARE BLOCKS** have different numerical values. Place values to agree the sum totals horizontally, vertically and diagonally.

Cross out numerical values when placed ✖

↓	=	↻ Enter values when worked out		Green boxes are "given" values

2 x	**N**	=	17
2 x	**I**	=	
2 x	**G**	=	
2 x	**H**	=	
2 x	**T**	=	
2 x	**M**	=	19
2 x	**A**	=	13
2 x	**R**	=	
2 x	**E**	=	12
2 x	**B**	=	3
1 x	**L**	=	
1 x	**O**	=	
1 x	**C**	=	
1 x	**K**	=	
1 x	**S**	=	

↘	↓	↓	↓	↓	↓	↙
→	R	R	C	E	H	50
→	T	B	S	M	H	50
→	G	K	A	B	T	55
→	O	E	M	N	A	81
→	I	I	L	N	G	48
54	48	36	78	68	54	55

↘	↓	↓	↓	↓	↓	↙
→						50
→		3		19		50
→			13			55
→		12		17		81
→						48
54	48	36	78	68	54	55

1
3
4
5
9
11
12
13
14
16
17
18
19
20
21

Solution Overleaf

© Les Page 2020   ISBN 9781913565022   For more www.tarquingroup.com

SOLUTION 18

↘	↓	↓	↓	↓	↓	↙
→	R	R	C	E	H	50
→	T	B	S	M	H	50
→	G	K	A	B	T	55
→	O	E	M	N	A	81
→	I	I	L	N	G	48
54	48	36	78	68	54	55

↘	↓	↓	↓	↓	↓	↙
→	4	4	21	12	9	50
→	5	3	14	19	9	50
→	18	16	13	3	5	55
→	20	12	19	17	13	81
→	1	1	11	17	18	48
54	48	36	78	68	54	55

I	=	1
B	=	3
R	=	4
T	=	5
H	=	9
L	=	11
E	=	12
A	=	13
S	=	14
K	=	16
N	=	17
G	=	18
M	=	19
O	=	20
C	=	21

© Les Page 2020   ISBN 9781913565022

PUZZLE 19

The 15 letters in **NIGHTMARE BLOCKS** have different numerical values.
Place values to agree the sum totals horizontally, vertically and diagonally.

↓	=	⋂ Enter values when worked out	Green boxes are "given" values

2 x	N	=	
2 x	I	=	
2 x	G	=	6
2 x	H	=	
2 x	T	=	
2 x	M	=	
2 x	A	=	14
2 x	R	=	
2 x	E	=	9
2 x	B	=	4
1 x	L	=	
1 x	O	=	
1 x	C	=	12
1 x	K	=	
1 x	S	=	

↘	↓	↓	↓	↓	↓	↙
→	M	A	G	I	R	56
→	T	G	H	A	B	42
→	H	L	B	S	I	40
→	M	E	N	C	K	65
→	R	O	E	N	T	64
63	68	55	41	55	48	51

↘	↓	↓	↓	↓	↓	↙
→						56
→		6		14		42
→			4			40
→		9		12		65
→						64
63	68	55	41	55	48	51

2
4
5
6
7
9
10
11
12
13
14
16
17
18
19

Solution Overleaf

© Les Page 2020   ISBN 9781913565022
For more www.tarquingroup.com

SOLUTION 19

↘	↓	↓	↓	↓	↓	↙
→	M	A	G	I	R	56
→	T	G	H	A	B	42
→	H	L	B	S	I	40
→	M	E	N	C	K	65
→	R	O	E	N	T	64
63	68	55	41	55	48	51

I	=	2
B	=	4
H	=	5
G	=	6
O	=	7
E	=	9
S	=	10
K	=	11
C	=	12
T	=	13
A	=	14
M	=	16
N	=	17
R	=	18
L	=	19

↘	↓	↓	↓	↓	↓	↙
→	16	14	6	2	18	56
→	13	6	5	14	4	42
→	5	19	4	10	2	40
→	16	9	17	12	11	65
→	18	7	9	17	13	64
63	68	55	41	55	48	51

© Les Page 2020   ISBN 9781913565022

NIGHTMARE BLOCKS

PUZZLE 20

The 15 letters in **NIGHTMARE BLOCKS** have different numerical values.
Place values to agree the sum totals horizontally, vertically and diagonally.

Cross out numerical values when placed

↓		=	↻ Enter values when worked out

Green boxes are "given" values

✗

2 x	**N**	=	3
2 x	**I**	=	
2 x	**G**	=	17
2 x	**H**	=	
2 x	**T**	=	8
2 x	**M**	=	
2 x	**A**	=	11
2 x	**R**	=	
2 x	**E**	=	
2 x	**B**	=	14
1 x	**L**	=	
1 x	**O**	=	
1 x	**C**	=	
1 x	**K**	=	
1 x	**S**	=	

↘	↓	↓	↓	↓	↓	↙	3
→	**M**	**H**	**B**	**K**	**H**	46	4
→	**R**	**A**	**I**	**B**	**E**	76	5
→	**S**	**I**	**G**	**L**	**E**	69	7
→	**R**	**T**	**A**	**N**	**N**	45	8
→	**M**	**O**	**C**	**T**	**G**	62	9
59	79	52	56	44	67	63	10

							11
↘	↓	↓	↓	↓	↓	↙	12
→						46	14
→		11		14		76	15
→			17			69	17
→		8		3		45	18
→						62	20
59	79	52	56	44	67	63	21

Solution Overleaf

For more www.tarquingroup.com

SOLUTION 20

↘	↓	↓	↓	↓	↓	↙
→	M	H	B	K	H	46
→	R	A	I	B	E	76
→	S	I	G	L	E	69
→	R	T	A	N	N	45
→	M	O	C	T	G	62
59	79	52	56	44	67	63

N	=	3
C	=	4
H	=	5
K	=	7
T	=	8
S	=	9
I	=	10
A	=	11
L	=	12
B	=	14
M	=	15
G	=	17
O	=	18
R	=	20
E	=	21

↘	↓	↓	↓	↓	↓	↙
→	15	5	14	7	5	46
→	20	11	10	14	21	76
→	9	10	17	12	21	69
→	20	8	11	3	3	45
→	15	18	4	8	17	62
59	79	52	56	44	67	63

 ISBN 9781913565022   For more www.tarquingroup.com

NIGHTMARE BLOCKS

PUZZLE 21

The 15 letters in **NIGHTMARE BLOCKS** have different numerical values.
Place values to agree the sum totals horizontally, vertically and diagonally.

↓	=	↻ Enter values when worked out		Green boxes are "given" values

2 x	**N**	=	7
2 x	**I**	=	
2 x	**G**	=	15
2 x	**H**	=	19
2 x	**T**	=	
2 x	**M**	=	
2 x	**A**	=	
2 x	**R**	=	9
2 x	**E**	=	
2 x	**B**	=	
1 x	**L**	=	
1 x	**O**	=	
1 x	**C**	=	
1 x	**K**	=	
1 x	**S**	=	4

↘	↓	↓	↓	↓	↓	↙
→	O	T	E	T	E	51
→	I	N	A	H	H	59
→	B	I	R	K	G	49
→	L	S	R	G	N	56
→	C	A	M	M	B	27
56	67	39	27	57	52	47

↘	↓	↓	↓	↓	↓	↙
→						51
→		7		19		59
→			9			49
→		4		15		56
→						27
56	67	39	27	57	52	47

1
2
4
5
6
7
8
9
11
12
14
15
18
19
21

Solution Overleaf

© Les Page 2020   ISBN 9781913565022   For more www.tarquingroup.com

SOLUTION 21

↘	↓	↓	↓	↓	↓	↙
→	O	T	E	T	E	51
→	I	N	A	H	H	59
→	B	I	R	K	G	49
→	L	S	R	G	N	56
→	C	A	M	M	B	27
56	67	39	27	57	52	47

M	=	1
A	=	2
S	=	4
B	=	5
E	=	6
N	=	7
K	=	8
R	=	9
O	=	11
I	=	12
T	=	14
G	=	15
C	=	18
H	=	19
L	=	21

↘	↓	↓	↓	↓	↓	↙
→	11	14	6	14	6	51
→	12	7	2	19	19	59
→	5	12	9	8	15	49
→	21	4	9	15	7	56
→	18	2	1	1	5	27
56	67	39	27	57	52	47

© Les Page 2020   ISBN 9781913565022

PUZZLE 22

The 15 letters in **NIGHTMARE BLOCKS** have different numerical values. Place values to agree the sum totals horizontally, vertically and diagonally.

Cross out numerical values when placed

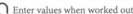 ↓ = ∩ Enter values when worked out   Green boxes are "given" values

2 x	**N**	=	
2 x	**I**	=	
2 x	**G**	=	
2 x	**H**	=	
2 x	**T**	=	
2 x	**M**	=	
2 x	**A**	=	9
2 x	**R**	=	
2 x	**E**	=	13
2 x	**B**	=	
1 x	**L**	=	19
1 x	**O**	=	
1 x	**C**	=	10
1 x	**K**	=	6
1 x	**S**	=	

↘	↓	↓	↓	↓	↓	↙
→	H	N	O	M	A	61
→	B	A	G	C	I	45
→	I	B	K	T	R	46
→	R	L	S	E	T	69
→	G	N	M	H	E	59
49	42	78	52	66	42	55

↘	↓	↓	↓	↓	↓	↙
→						61
→		9		10		45
→			6			46
→		19		13		69
→						59
49	42	78	52	66	42	55

1
2
5
6
9
10
11
12
13
14
15
17
18
19
20

Solution Overleaf

For more www.tarquingroup.com

SOLUTION 22

↘	↓	↓	↓	↓	↓	↙
→	H	N	O	M	A	61
→	B	A	G	C	I	45
→	I	B	K	T	R	46
→	R	L	S	E	T	69
→	G	N	M	H	E	59
49	42	78	52	66	42	55

↘	↓	↓	↓	↓	↓	↙
→	14	15	11	12	9	61
→	20	9	5	10	1	45
→	1	20	6	17	2	46
→	2	19	18	13	17	69
→	5	15	12	14	13	59
49	42	78	52	66	42	55

I	=	1
R	=	2
G	=	5
K	=	6
A	=	9
C	=	10
O	=	11
M	=	12
E	=	13
H	=	14
N	=	15
T	=	17
S	=	18
L	=	19
B	=	20

© Les Page 2020   ISBN 9781913565022

NIGHTMARE BLOCKS

PUZZLE 23

The 15 letters in **NIGHTMARE BLOCKS** have different numerical values.
Place values to agree the sum totals horizontally, vertically and diagonally.

↓ = ↻ Enter values when worked out   Green boxes are "given" values

2 x	**N**	=	
2 x	**I**	=	11
2 x	**G**	=	
2 x	**H**	=	
2 x	**T**	=	
2 x	**M**	=	
2 x	**A**	=	3
2 x	**R**	=	
2 x	**E**	=	
2 x	**B**	=	
1 x	**L**	=	
1 x	**O**	=	10
1 x	**C**	=	19
1 x	**K**	=	
1 x	**S**	=	17

↘	↓	↓	↓	↓	↓	↙
→	M	H	N	H	L	48
→	A	A	I	O	R	34
→	E	T	S	G	K	67
→	G	I	T	C	N	51
→	M	B	E	R	B	48
56	47	35	55	62	49	52

1	3	5	6	7	8	10	11	12	13	14	15	17	19	20

↘	↓	↓	↓	↓	↓	↙
→						48
→		3		10		34
→			17			67
→		11		19		51
→						48
56	47	35	55	62	49	52

Solution Overleaf

© Les Page 2020   ISBN 9781913565022   For more www.tarquingroup.com

SOLUTION 23

↘	↓	↓	↓	↓	↓	↙
→	M	H	N	H	L	48
→	A	A	I	O	R	34
→	E	T	S	G	K	67
→	G	I	T	C	N	51
→	M	B	E	R	B	48
56	47	35	55	62	49	52

T	=	1
A	=	3
M	=	5
N	=	6
R	=	7
B	=	8
O	=	10
I	=	11
H	=	12
L	=	13
G	=	14
K	=	15
S	=	17
C	=	19
E	=	20

↘	↓	↓	↓	↓	↓	↙
→	5	12	6	12	13	48
→	3	3	11	10	7	34
→	20	1	17	14	15	67
→	14	11	1	19	6	51
→	5	8	20	7	8	48
56	47	35	55	62	49	52

 ISBN 9781913565022   For more www.tarquingroup.com

PUZZLE PREVIEW
JUST PLUS

PUZZLE

AT FIRST GLANCE IT MAY LOOK IMPOSSIBLE TO DO! ☹

BUT USING YOUR INITATIVE IT CAN BE DONE! NEVER GIVE UP. ✍

- -

PLACE THESE 33 NUMBERS CORRECTLY TO SOLVE THIS PUZZLE

3	4	7	9	12	12	13	14	15	15	16
19	22	23	25	27	28	34	37	40	43	44
49	52	54	58	59	63	79	86	95	135	144

Just plus... that's all you've got to do!

5 + ☐ = ☐ + ☐ = ☐ + **12** = ☐						
+	+	+	+	+	+	+
8 + **20** = ☐ + ☐ = ☐ + ☐ = ☐						
=	=	=	=	=	=	=
13 + **27** = ☐ + ☐ = ☐ + ☐ = ☐						
+	+	+	+	+	+	+
☐ + ☐ = **39** + ☐ = ☐ + ☐ = ☐						
=	=	=	=	=	=	=
38 + **41** = ☐ + ☐ = ☐ + ☐ = ☐						
+	+	+	+	+	+	+
6 + ☐ = ☐ + **21** = **40** + ☐ = ☐						
=	=	=	=	=	=	=
☐ + ☐ = **98** + **37** = ☐ + **72** = **207**						

Solution Overleaf

SOLUTION

INITATIVE USED.

IT CAN BE DONE !

☝

☺

EVERYTHING ADDED = THE TOTALS !

5	+	7	=	12	+	3	=	15	+	12	=	27
+		+		+		+		+		+		+
8	+	20	=	28	+	9	=	37	+	22	=	59
=		=		=		=		=		=		=
13	+	27	=	40	+	12	=	52	+	34	=	86
+		+		+		+		+		+		+
25	+	14	=	39	+	4	=	43	+	15	=	58
=		=		=		=		=		=		=
38	+	41	=	79	+	16	=	95	+	49	=	144
+		+		+		+		+		+		+
6	+	13	=	19	+	21	=	40	+	23	=	63
=		=		=		=		=		=		=
44	+	54	=	98	+	37	=	135	+	72	=	207

PUZZLE

USE YOUR " GREY MATTER " TO SOLVE THIS PUZZLE !

?	A	B	?
THIS	×	+	TOTAL
12			35
11			52
10			123
9			95
8			58
7			55
6			68
5			44
4			16
3			36
2			7
1			12

A	B
×	+
1	1
2	2
3	3
4	4
5	5
6	6
7	7
8	8
9	9
10	10
11	11
12	12

Numbers in A & B can only be used once.

Cross off numbers in A & B once placed. Not sure? See the example below!

DO NOT

JUMP TO ☠

CONCLUSIONS!

☹

YOU HAVE

BEEN WARNED !

Example:

THIS	×	A	+	B	=	TOTAL
12	×	2	+	1	=	25

In the example you would cross off 2 in A & 1 in B.

Solution Overleaf

PUZZLE PREVIEW BRAINBOX

SOLUTION

☺	A	B	=
THIS	X	+	TOTAL
12	2	11	35
11	4	8	52
10	12	3	123
9	10	5	95
8	6	10	58
7	7	6	55
6	11	2	68
5	8	4	44
4	1	12	16
3	9	9	36
2	3	1	7
1	5	7	12

PUZZLE PREVIEW
THE WAREHOUSE

PUZZLE

WHAT'S IN STORE HERE ?

A warehouse has 25 large rooms. Each room has six storage areas numbered from 1 to 6. Each room has interlinking glass doors to other rooms. The storage areas adjacent to the interlinking glass doors have the same storage area number as shown in the example below:

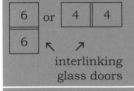

interlinking glass doors

Insert the missing storage area numbers so that each room contains storage area numbers 1 to 6.

3	5	1
1	5	2
4	3	6
5	3	2

c1	c2	c3	c4	c5	c6	c7	c8	c9
					1	5		
2	5	3			2	4		2	1
		1				6		
1								2
5			2				1	5
6								3
1		5					2	5
3								6
4			6				5	2
2								1
6			4				3	5
4			2					4
3			5				1	3
1								1
5			3			5		6
3								3
1		5			2	6		5
					1	4		

Solution Overleaf

SOLUTION

LOOK ! ↘ HAVING "DONE TIME" PROVES IT CAN BE SOLVED ! 👌 ☺

			6	1	5			
2	5	3	3	2	4	4	2	1
4	6	1	1	2	6	6	3	5
1	6	3	3	5	4	4	3	2
5	4	2	2	5	1	1	6	5
6	4	3	3	6	4	4	6	3
1	2	5	5	6	2	2	1	5
3	2	1	1	4	3	3	1	6
4	5	6	6	4	5	5	4	2
2	5	3	3	1	2	2	4	1
6	1	4	4	1	3	3	6	5
4	1	2	2	6	5	5	6	4
3	6	5	5	6	1	1	2	3
1	6	2	2	4	3	3	2	1
5	4	3	3	4	5	5	4	6
3	4	6	6	2	1	1	4	3
1	2	5	5	2	6	6	2	5
			1	3	4			

PUZZLE

YOU WILL NEVER ESCAPE " DOING TIME " ON THIS PUZZLE !

Every block MUST contain 1, 2, 3 & 4 in the left hand column and 1 to 32 MUST be placed in the centre columns to agree the totals.

Cross out numerical values when placed

1	2	3
4	5	6
7	8	9
10	11	12
13	14	15
16	17	18
19	20	21
22	23	24
25	26	27
28	29	30
31	32	☺

4	+		=	8
	+		=	15
	+		=	26
3	+		=	12

3	+		=	13
	+		=	26
	+		=	17
	+		=	15

2	+		=	3
	+		=	33
	+		=	19
	+		=	27

3	+		=	23
	+		=	27
	+		=	30
1	+		=	29

4	+		=	9
	+		=	13
3	+		=	6
	+		=	7

1	+		=	18
	+		=	14
	+		=	12
	+		=	5

2	+		=	33
	+		=	22
	+		=	32
	+		=	31

4	+		=	23
	+		=	33
3	+		=	10
	+		=	17

Solution Overleaf

SOLUTION

LOOK ! ↘ HAVING "DONE TIME" PROVES IT CAN BE SOLVED ! 👍 ☺

4	+	4	=	8
1	+	14	=	15
2	+	24	=	26
3	+	9	=	12

3	+	10	=	13
4	+	22	=	26
1	+	16	=	17
2	+	13	=	15

2	+	1	=	3
3	+	30	=	33
1	+	18	=	19
4	+	23	=	27

3	+	20	=	23
2	+	25	=	27
4	+	26	=	30
1	+	28	=	29

4	+	5	=	9
2	+	11	=	13
3	+	3	=	6
1	+	6	=	7

1	+	17	=	18
2	+	12	=	14
4	+	8	=	12
3	+	2	=	5

2	+	31	=	33
1	+	21	=	22
3	+	29	=	32
4	+	27	=	31

4	+	19	=	23
1	+	32	=	33
3	+	7	=	10
2	+	15	=	17

PUZZLE

THE TWO - WAY MULTIPLICATION PUZZLE.

A × B =	☺	B × C =	Numbers in columns A, B & C on the right must be put in the puzzle so that A × B = the totals on the left & B × C equal the totals on the right.	For each column, cross out numbers as you enter - note they are not in order.		
↓		↓		↓	↓	↓

↓	A	B	C	↓	Scribble area	A	B	C
2				2		1	1	1
30				36		1	2	1
8				12		1	2	2
12				27		1	2	2
5				1		3	3	3
14				10		4	3	4
63				14		4	4	5
6				12		5	5	6
42				42		5	6	6
25				30		5	6	6
54				18		6	6	6
3				12		7	6	6
18				36		9	7	9
4				36		9	7	9

Solution Overleaf

SOLUTION

A				B
×		↓		×
B		👍		C
=		☺		=
↓				↓
↓	A	B	C	↓
2	1	2	1	2
30	5	6	6	36
8	4	2	6	12
12	4	3	9	27
5	5	1	1	1
14	7	2	5	10
63	9	7	2	14
6	1	6	2	12
42	6	7	6	42
25	5	5	6	30
54	9	6	3	18
3	1	3	4	12
18	3	6	6	36
4	1	4	9	36